...VS DU ROY EN L'ANNÉE 162.

...E & PRISE

de

...NCIENNES

PAR LOUIS XIV

...E CONTEMPORAIN

VALENCIENNES

...

1898

SIÈGE & PRISE

DE

VALENCIENNES

PAR LOUIS XIV

(L'auteur ...

G.B. Saint Vincent, ...
(...)

(Extrait de l' _Impartial_ _du_ _Nord_ .)

LA CAMPAGNE DU ROY EN L'ANNÉE 1677

SIÈGE & PRISE

DE

VALENCIENNES

PAR LOUIS XIV

RÉCIT CONTEMPORAIN

publié par M. Edmond Lemaître

VALENCIENNES

LEMAITRE, Libraire-Editeur

RUE DU QUESNOY, 14 & 16

1892

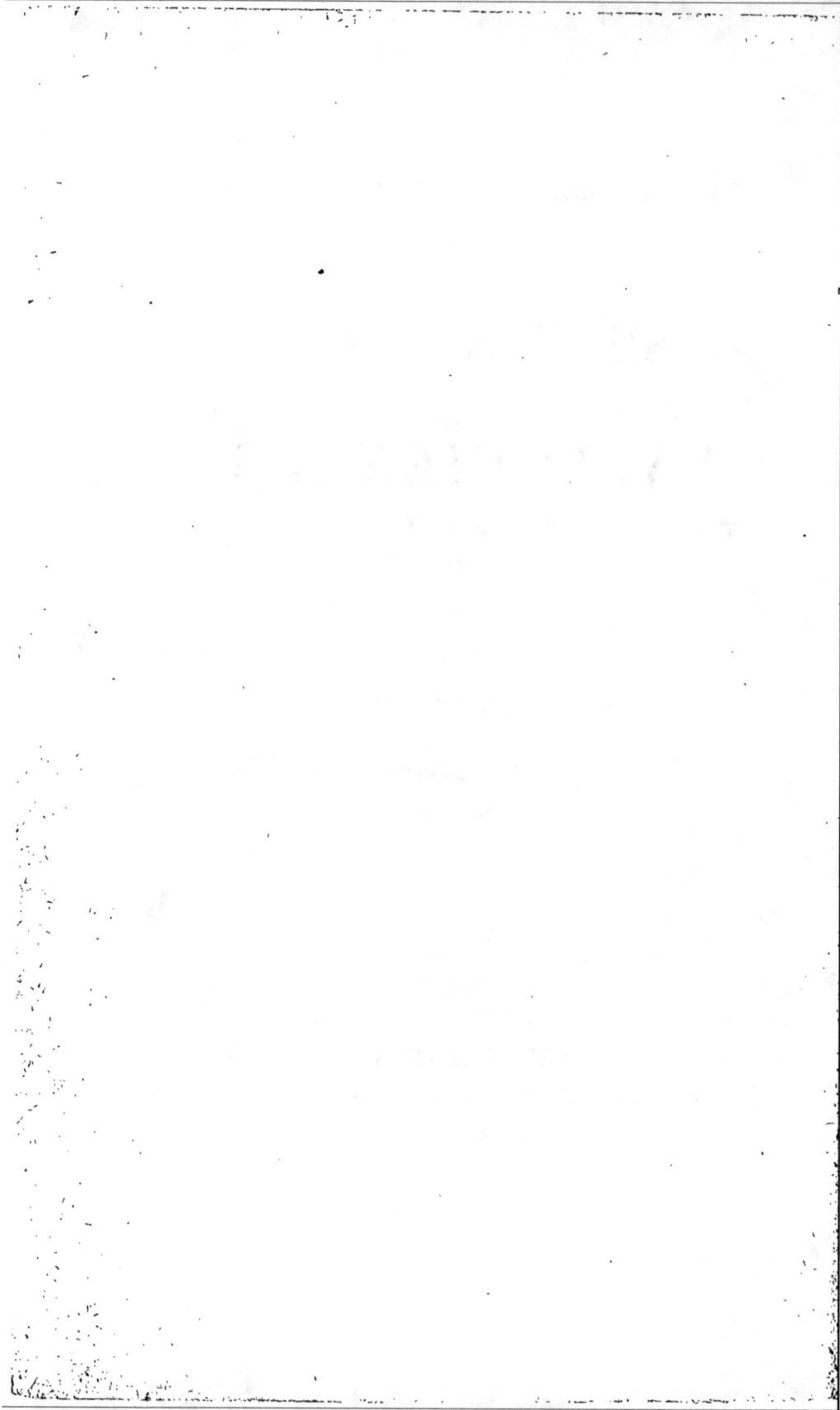

AVANT-PROPOS

———

La relation du siège de Valenciennes que nous allons reproduire, a été imprimée à Paris, l'année même du siège, sous le titre : **La Campagne du Roy en l'année 1677**, en un volume in-12, qui comprend, en outre, la Conqueste de la ville et citadelle de Cambray, celle de St-Omer, précédée de la bataille de Cassel.

L'auteur a gardé l'anonyme, mais en tête de l'ouvrage se trouve une dédicace au Roy, signée P. V. et à la fin du volume une autorisation d'imprimer accordée également au sieur P. V. On lit en outre *écrit à l'encre* sur la garde de cet exemplaire (1) le nom de Primi Visconti, qui doit être selon nous celui de l'auteur; mais quel est donc cet auteur si bien renseigné ? Peut être un officier italien au service de la France ayant pris part au siège, ou bien un historiographe autorisé, qui, à ce titre, a pu obtenir du gouvernement les documents concernant ce siège ; d'autres suppositions sont encore permises.

Dans tous les cas, sa narration est la plus détaillée, c'e-t un journal complet du siège et un récit suivi depuis le 28 février jusqu'au 21 mars, date du départ du roi de Valenciennes.

Ce récit de l'extérieur ne fait pas double emploi avec les lettres de Pellisson sur ce sujet, et sur bien des points, l'un complète l'autre. Nous désirons donc que cette publication puisse aider à éclaircir les points importants discutés de nos jours ; il serait en effet intéressant, dans les circonstances présentes, au moment où notre citadelle et les derniers vestiges

_____

(1) Appartenant à la Bibliothèque nationale.

de nos remparts disparaissent, que ce
fait d'armes apprécié différemment par
des écrivains compétents, chacun à la
recherche de la vérité, pût enfin être
élucidé.

Il est à remarquer, et l'on doit s'éton-
ner que ce volume imprimé en 1677,
d'abord en italien, ensuite en français,
soit resté inconnu depuis ce temps, de
tous ceux qui se sont occupés de cette
page curieuse de notre histoire locale.

En effet Arthur Dinaux, dans une
intéressante publication éditée en 1856;
intitulée : *Siège et prise de Valenciennes
en 1677 par Louis XIV, relations et pièces
originales du temps, écrites tant à l'inté-
rieur qu'à l'extérieur de la place, etc.*,
donne la nomenclature de tout ce qu'il
a pu découvrir concernant ce siège,
relations complètes ou extraits d'ouvra-
ges et de journaux, lettres de Pellisson,
des pièces et anecdotes du temps ainsi
que la liste des tableaux, gravures, mé-
dailles qui ont dû leur naissance à cette
victoire des armes de Louis XIV, mais
ni lui, ni le prince de la Moscowa, ni
M. H. Caffiaux, ni L. Cellier, ni aucun
autre ayant écrit sur ce sujet ne font

mention de notre relation, nous ne pouvons attribuer ce silence qu'à l'extrême rareté de ce document, c'est pourquoi nous n'avons pas hésité à lui donner une nouvelle publicité.

SIÈGE

ET

PRISE DE VALENCIENNES

PAR LOUIS XIV

EN 1677

—

Récit contemporain

—

Départ du Roy. Le dimanche matin, 28 février, le Roy partit du château de Saint-Germain-en-Laye, où il laissa la Reyne et Monsieur le Dauphin. La plupart des princes, ducs et seigneurs de la cour le suivirent en qualité de volontaires. Le soir du mesme jour, Sa Majesté arriva à Compiègne, le 1er mars Elle coucha à Chauny, le 2 à St-Quentin, le 3 à Cateau Cambrésis, et le 4 elle se rendit dans son camp devant Valenciennes, avant que les équipages eussent pu y arriver, et ce fut alors seulement qu'on commença à découvrir une partie de ses projets.

Dès l'année dernière, le Roy avoit jeté les fondemens des entreprises, qu'il a depuis si glorieusement achevées.

Ceux qui ne pénétroient pas alors dans les suites de la conqueste de Condé et de Bouchain, et qui condamnoient les efforts qu'on faisoit en Flandres, parce qu'ils les croyoient plus nécessaires à la conservation de nos frontières du costé du Rhin, ont pu voir depuis la faiblesse de leurs raisonnements.

En effet, pendant que ces deux places conquises incommodoient celles du Haynaut et du Cambrésis, et leur otoient toute sorte de communication entre elles, le baron de Quinci, avec un camp volant les réduisoit à l'extrémité. Comme il est natif du pays, il en sait parfaitement bien la carte, et entendant la guerre aussi bien qu'il fait, non seulement il empeschoit le commerce entre ces places, mais il s'opposoit partout aux sorties des Espagnols, qui ne pouvant plus faire des courses dans la Picardie, ni recevoir les contributions qu'ils y avoient établies, ne subsistoient dans leurs garnisons qu'avec beaucoup de peine. Les courses du baron de Quinci et les magazins qu'on faisoit sur la frontière en divers endroits, marquoient assez les dessins que la France pouvoit avoir sur Mons, Valenciennes,

St-Guilain et Cambray, mais d'ailleurs Ypre et Saint-Omer estant aussi menacés par les grands préparatifs d'armes et de munitions qu'on faisoit du costé de l'Artois et du Boulonnois, il estoit difficile de juger de la véritable intention des François, et on ne se seroit jamais imaginé qu'ils eussent voulu entreprendre plusieurs sièges à la fois.

Activité du marquis de Louvois. Le Marquis de Louvois, secrétaire d'estat et premier ministre pour le fait de la guerre, avoit si habilement ménagé toutes choses pour faire réussir les desseins du Roy, il avoit joint à ses conseils tant de soins et de fatigues, fait des voyages et donné des ordres si à propos, que dès le moment que Sa Majesté arriva dans son camp, tout fut disposé pour l'ouverture de la campagne.

Le mareschal Duc de Luxembourg, qui étoit parti de la Cour avec ce ministre quelques jours avant le départ du Roy, avoit investi Valenciennes dès le 28 février, et pour mieux couvrir le dessin de ce siège, le mareschal de Humières tenoit Mons bloqué en mesme tems.

Disposition du siège. Le Roy fit d'abord travailler aux lignes lui-mesme, visita les postes, alla reconnoistre la place et donna les ordres nécessaires pour fermer le passage à toute sorte de secours. Le camp grossissoit à tous momens par l'arrivée des troupes et des équipages, et les provisions y venoient incessamment des magazins où l'on les avoit ramassées. On y compta cinquante mille combattans dans huit jours, ce qui paroit incroyable à considérer la rigueur de la saison et le mauvais estat où se trouvoit ce païs désolé par la guerre. Dans le mesme tems, M. de la Motte, mareschal de camp et M. de Mommont, brigadier d'infanterie, avec les troupes qu'ils commandoient, incommodoient St Omer dans l'Artois, et donnoient de la jalousie à Ypre.

Le baron de Quinci, mareschal de camp et M. de la Fitte, brigadier de cavalerie estoient aux portes de Cambray.

Etablissement des quartiers. Tout le gros de l'armée s'estant enfin rendu dans le camp, Sa Majesté distribua les quartiers. Elle prit le sien auprès de Famars, qui estoit du costé où l'on devoit faire les attaques, et choisit les mareschaux de Humières et de la Feuillade pour y commander sous ses ordres. Le mareschal duc de Luxembourg eut son quartier à Launoy (1), le mareschal de Schomberg à l'abbaye de St-Sauve et le mareschal de Lorges au Mont Azin. Ces postes estoient tout autant de villages situez sur des éminences les plus proches de la place.

Histoire de Valenciennes.

Situation, antiquité, forces et importance de cette place.

Valenciennes est une place si importante, qu'elle méritoit bien qu'on donnast à sa prise tous ces grands préparatifs d'une armée royale. Sa situation est très avantageuse, et l'empereur Valentinien la trouva si forte pour la guerre, mesme de son tems, qu'il voulut bien lui donner son nom. Elle est considérable aussi par le peuple qui l'habite, par le commerce qui s'y fait et par la réputation qu'elle a d'avoir souvent résisté à de puissantes armées.

Outre ses fortifications, elle est entourée de deux fleuves, l'Escaut et la Ronnelle, de marais inaccessibles et d'écluses pour inonder la campagne tout à l'entour. C'est enfin une des plus importantes places non seulement du Haynault, mais de tout le Païs-Bas.

---

(1) Aulnoy.

D'ailleurs sa prise mettoit à couvert une partie de la Picardie, de la Champagne et des païs conquis, otoit à Cambray toute espérance de secours et avançoit les bornes de la France jusques dans le cœur de la Flandres.

Toutes ces choses estoient bien connues des Espagnols aussi bien que des François et ils n'oublioient rien aussi pour sauver Valenciennes.

Le duc de Villa Hermosa avoit envoyé son commissaire général du costé de Danremonde, avec de l'argent pour faire des magazins pour la subsistance de son armée, et pour donner moyen de s'avancer aux troupes hollandoises, qui s'assembloient autour de Rosendal, dans le dessin d'aller faire teste aux François.

Garnison de Valenciennes.

Officiers qui y commandoient et leur disposition à la bien défendre.

Il y avoit dans la place mille chevaux, le régiment d'infanterie italienne de Silva, deux régimens d'infanterie vallonne, un du comte Solre, un autre de M. d'Ostils, autrefois gouverneur de Condé, deux régimens d'infanterie allemande du marquis de Leden et deux mille bourgeois choisis à qui on avoit donné des armes et des officiers capables de les commander. Elle estoit abondamment fournie

d'artillerie et de toutes sortes de munitions de guerre et de bouche, et quantité
de noblesse et de paysans s'y estoient
jettez pour la défendre. Le comte de
Solre, qui s'en estoit trouvé dehors lors
qu'on l'avoit investie, y estoit entré par
adresse.

Le marquis de Richebourg, frère du
prince d'Epinoy, homme d'expérience et
de courage y commandoit en qualité de
gouverneur. Il avoit inspiré aux soldats
et aux habitans une grande résolution
de se défendre jusques aux dernières ex-
trémités, et fait dresser des potences
dans les carrefours pour intimider le
peuple, que les incommodités d'un siège
ou quelque intelligence pouvoient porter
au soulèvement, et enfin il avoit si bien
disposé la garnison dans les dehors et
les milices au dedans, qu'il avoit sujet
de se promettre une vigoureuse défense.

On apprit tout cela d'un officier italien de la garnison, qui fut arresté dans
le camp.

Les pluies continuelles avoient arresté
le canon par les chemins et empesché
que le Roy ne peust donner les ordres
pour l'ouverture de la tranchée, mais
le 8, il ne manqua plus rien.

Les atta-
ques sont
résolues
du costé
d'Azin.

Sa Majesté vouloit au commencement attaquer la place par les endroits les plus faibles, tels que paraissoient l'estre la porte de Cambray et celle de Cardon, mais la difficulté d'y conduire le canon, la fit résoudre à commander les attaques du costé de la porte d'Azin, quoique le mieux fortifié.

Descrip-
tion de
l'ouvrage
couronné

Pour cela il falloit premièrement insulter un ouvrage couronné, défendu de deux demy bastions, avec leurs demy lunes avancées, et d'une forte palissade, d'un large fossé et d'une bonne contrescarpe. Il y avoit encore une demy lune revestue qui voyoit les travaux en front, un grand fossé entre deux, et plus avant un petit fort irrégulier nommé Paté ou fer de cheval, à qui un bras de l'Escaut servoit de fossé. Il falloit ensuite traverser l'Escaut, qui couloit avec rapidité le long des remparts de la ville, et les séparoit du petit fort. Malgré ces obstacles qui paraissoient insurmontables, on crut que si l'on pouvoit une fois se rendre maistre de l'ouvrage couronné, y dressant des batteries et y plaçant des mortiers pour foudroyer de là le corps de la place, la ville seroit obligée à capituler, plutôt que de se voir réduire en cendres, sans qu'il en coutast au Roy autre chose que de la poudre.

Ouverture de la tranchée. Ainsi Sa Majesté donna les ordres pour l'ouverture de la tranchée la nuit du 9 au 10 Mars, et y voulut mesme assister, pour animer les travailleurs par sa présence.

Garde du Mareschal de Schomberg. Le mareschal de Schomberg fut le premier à monter la garde, avec le comte Bardi Magalotti, lieutenant général, le comte de St-Géran, mareschal de camp, le marquis d'Angeau, ayde de camp, 3 bataillons du régiment des gardes de Picardie et de Soissons, commandez par M. de Rubentel, brigadier d'infanterie, et soutenus par M. de Jauvel, brigadier de cavalerie, avec six escadrons des corps de Noailles et Duras, un des gens d'armes écossois et anglois, et les autres des régimens Colonnel Général, Mestre de camp, et du Roy. Ce dernier corps couvroit deux mil soldats tirez de divers régimens, qui poussèrent la tranchée plus de six cens pas vers la contr'escarpe. Les assiégez ne manquèrent pas de faire grand feu, mais avec fort peu d'effet, car il n'y eut que quelques soldats et deux officiers de tuez. Le marquis de Livourne eut un cheval tué sous luy d'un coup de canon, comme il alloit visiter quelque poste.

Le Gouverneur de la place est blessé. M. Després luy est substitué. Le marquis de Richebourg, gouverneur de la place, s'estant avancé dans les dehors, fut blessé cette nuit en y donnant les ordres, et la blessure l'ayant mis hors d'estat d'agir, M. Després fut mis en sa place avec un pouvoir absolu, du consentement de tous les officiers, ce qui fut ignoré dans le camp.

Garde du Mareschal de la Feuillade La nuit du 10 au 11, on mit à couvert la teste de la tranchée, et on y fit une place d'armes. Le mareschal de la Feuillade étoit de jour, avec le marquis de Rénel, lieutenant-général, le marquis de Tilladet, mareschal de camp, le prince d'Harcourt, ayde de camp, à la teste de deux bataillons de gardes suisses, deux de Navarre, un d'Harcourt-Beuvron, et un autre d'Artois, sous M. d'Aubaréde, brigadier d'infanterie, soutenu par le marquis de Rével, brigadier de cavalerie, à la teste des escadrons des garde-corps de Luxembourg et Lorges, de la gend'armerie, de la Colonnelle, Mestre de camp, et régiment du Roy.

Garde du Mares- A l'entrée de la nuit du 11, le Roy alla voir monter la garde par le mareschal de *chal de Luxembourg.* Luxembourg, le marquis de la Cardonnière, lieutenant-général, le chevalier de Sourdis, mareschal de camp, M. de Bartillat, brigadier de cavalerie, M. de Tracy, brigadier d'infanterie, le marquis de Chiverny, ayde de camp, avec les trois derniers bataillons des gardes et les deux d'Auvergne, commandez par le marquis de Cœuvres, un de Mayne et les escadrons des garde-corps de Noailles et Duras, un des gens d'armes et les autres dn Colonnel, Mestre de camp, et du Roy.

Batterie en estat. Le matin du 12, l'artillerie commença à jouer, M. de Vauban qui avoit la direction des travaux, les fit continuer à demi-sappe à la faveur du canon, dont les premiers coups démontèrent plusieurs pièces des assiégez. M. de Ste Catherine, commissaire de l'artillerie, fut tué dans la batterie où il commandoit.

Provisions dans le camp. Les provisions qu'on avoit fait sur la frontière pour faire subsister l'armée, arrivèrent par Bouchain et Condé et mirent l'abondance dans le camp. Monsieur frère unique du Roy, qui estoit parti de Paris le 7, arriva au camp ce jour là et fut logé dans le quartier du Roy.

Garde du Mareschal de Lorges

Le Mareschal de Lorges monta la tranchée avec le comte du Plessis lieutenant général, M. d'Albret mareschal de camp, le marquis de Livourne brigadier de cavalerie, le marquis de Cavois ayde de camp, le marquis de Bourlemont brigadier d'infanterie, avec trois bataillons du régiment du Roy, deux du Royal et un autre de la Frézelière, soutenus de deux escadrons des gardes du corps de Luxembourg et Lorges, un des gens d'armes et les autres des cuirassiers Sourdis et Tilladet. On approcha fort la tranchée des glacis de la contrescarpe, et le marquis de Sévigni, (1) enseigne des gens d'armes Dauphins y fut blessé. On arresta dans le camp quelques officiers espagnols, qui vouloient entrer dans la place, ou pour y porter des avis, ou pour y joindre leurs compagnies.

Prise du fauxbourg Nostre-Dame

Cette mesme nuit, on prit une redoute et le faux bourg Nostre-Dame, sans beaucoup de résistance de la part des assiégez. Comme plus de trente pièces de canon et quantité de mortiers, de bombes et de carcasses faisoient tomber sur la ville une tempeste continuelle de feu, de plomb

---

(1) Sévigné, fils de l'illustre Mme de Sévigné.

et de fer, on crut que les assiégez avoient tant à faire au dedans de la place, qu'ils n'avoient pas le tems de songer à secourir ces dehors. Mais il y avoit encore une raison de leur peu de résistance, c'est qu'ils espéroient pouvoir noyer les assiégeans dans ces dehors mesmes, lorsqu'ils s'en seroient saisis, en laschant leurs écluses, et se venger ainsi par l'eau du ravage que le feu leur faisoit.

Ils les laschèrent en effet dans le fauxbourg, mais assez inutilement, car la cinquième garde ne laissa pas de s'y loger et d'y faire plusieurs places d'armes, à cause que les palissades et les défenses se trouvoient déjà renversées par l'artillerie.

Garde du Mareschal de Humières. Ce fut le mareschal de Humières qui monta cette cinquième garde le 13, avec le comte d'Auvergne, lieutenant-général, le chevalier de Tilladet, mareschal de camp, le chevalier de Nogent, ayde de camp, le chevalier de Grignan, brigadier de cavalerie, M. de Saint George, brigadier d'infanterie, deux bataillons du régiment Lyonnois, deux du Dauphin, un d'Harcourt Beuvron, un des Fuziliers et

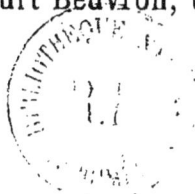

les escadrons d'un quartier des gens d'armes et chevaux légers des gardes, un de la première compagnie des mousquetaires blanc-, un des gens d'armes Dauphins, un des cuirassiers, et les autres de Tilladet et Sourdis.

Garde du Mareschal de Schomberg.

Le 14, la garde fut relevée par le mareschal de Schomberg, le duc de Villeroy, lieutenant-général le prince palatin de Birckenfeld, mareschal de camp, le marquis de Montrevel, brigadier de cavalerie, le marquis de la Pierre, brigadier d'infanterie et le marquis d'Arcy, ayde de camp, avec deux bataillons du régiment de la Reyne, deux des vaisseaux, un de Piémont Genevois et un de Saluces aussi de Piémont, et des troupes que la Cour de Savoye preste à la France, et sept escadrons de la deuxième compagnie des mousquetaires noirs, des chevaux légers Dauphins, des gens-d'armes d'Anjou, des cuirassiers de Sourdis, de Tilladet et de Bartillat.

Garde du Mareschal de la Feuillade

La garde fut montée le 15 par le mareschal duc de la Feuillade, le comte de Montbron, lieutenant général, M. Stoup, mareschal de camp, le prince d'Elbeuf, ayde de camp, le marquis de Revel, brigadier de cavalerie, le marquis d'Uxelles, brigadier d'infanterie, avec six bataillons des régimens d'Alsace, Saluces et Salis, et six escadrons de Bartillat, Grignan, Loëmaria, Konismark et Gassion.

Ce jour-là, les travaux se trouvèrent extrêmement avancés, ils se divisoient en trois branches et avoient plus de deux cens... (1) de longueur et deux de hauteur. Ils étoient fortifiez de plusieurs places d'armes, qui enveloppoient l'angle couronné, dont nous avons fait la description au commencement. Ils mettoient à couvert beaucoup d'infanterie et donnoient moyen d'approcher les batteries. Tout ce que nous venons de dire se faisoit en exécution des ordres que le Roy en donnoit lui mesme chaque jour. Il se trouvoit partout, il commandoit il animoit les officiers et les soldats par sa présence, et se trouvoit souvent aux moindres occasions.

Garde du Mareschal de Luxembourg. Le 16, le mareschal de Luxembourg monta la tranchée avec le marquis de la Trousse, lieutenant général. le comte de Saint-Géran, mareschal de camp, le chevalier de Vendome, ayde de camp, et

---

(1) Cette lacune existe dans le texte imprimé en 1677.

trois bataillons des gardes françaises,
couduits par M. de Rabentel, brigadier
d'infanterie et capitaine dans ce régiment,
et trois autres bataillons de Picardie et
de Soissons, sous les marquis de Bourlemont et de la Pierre.

Cependant les assiégeans ne perdoient
que très peu de monde, et les asssiégez
ne montroient pas toute la vigueur qu'on
en avoit attendu. Soit que la tranchée
fut si bonne qu'elle rendit inutile tout le
feu des assiégez, soit qu'ils fussent telle-
ment exposés aux batteries, qu'il ne leur
fut pas possible de faire feu de leurs re-
doutes, soit enfin qu'ils ne trouvassent
pas le petit fort assez important pour y
hazarder leurs soldats, qu'ils vouloient
conserver pour la défen e de la ville. En
effet, quand ils auroient perdu ce poste,
la rivière qui le séparoit de la ville la
mettoit assez à couvert de ce costé-là, et
des autres endroits les marais et les
eaux des écluses qu'ils avoient lachées,
en défendoient assez bien les approches,
pour ne leur laisser appréhender aucune
insulte.

Le Roy résout l'attaque   Le Roy que le succès animoit et qui
mesuroit ses dessins sur les progrez du
siège, résolut l'attaque de la contrescarpe

de l'ou-
vrage cou-
ronné.

pour le matin du 17. Il visita les postes le soir, il écrivit de sa main tous les ordres de cette attaque et les mit entre les mains de M. Rose secrétaire du cabinet, pour en faire faire des copies, qui furent distribuées aussitost aux officiers généraux qui estoient de jour, et aux principaux officiers des troupes destinées à cette entreprise.

Sa Majesté commanda à soixante gardes de corps de mettre pied à terre dans le faux bourg Nostre Dame, armés de leurs carabines, et d'observer toute la nuit la contenance des assiégez. Elle fit dresser dans le mesme faux bourg une batterie de six pièces de canon et de quelques mortiers, qui prenoit en revers l'ouvrage couronné. Les troupes qu'Elle choisit pour cette entreprise, outre celles qui estoient déjà à la garde de la tranchée, furent les deux compagnies des mousquetaires, les blancs commandez par le chevalier de Fourbin, et les noirs, par M. de Jauvelle, capitaines lieutenans; la compagnie des grenadiers de sa maison, sous Riotot, capitaine, et quarante-deux compagnies de grenadiers tirez de tous les bataillons de l'armée.

Toutes ces troupes se rendirent à la tranchée la nuit du 16 au 17. Les grenadiers du régiment du Roy se logèrent entre les mousquetaires blancs et les gardes, et les grenadiers d'Auvergne et de Navarre entre les mousquetaires noirs et le bataillon de Bourlemont ; le marquis d'Angeau fit les fonctons d'ayde de camp.

Le chevalier de Vendome ne voulant pas estre relevé dans une occasion aussi importante que celle qui se préparoit, obtint du Roy la permission d'y combattre, et le marquis d'Angeau luy porta l'ordre d'observer exactement ce qui se passeroit dans l'action, pour en pouvoir porter sur le champ des nouvelles à Sa Majesté.

Ordre de l'attaque de la contrescarpe en présence du Roy. Toutes ces choses estant ainsi disposées pour l'attaque, le matin du 17, environ les 9 à 10 heures, on entendit tirer neuf coups de canon, qui devoient servir de signal aux assiégeans pour sortir de la tranchée et attaquer l'ouvrage couronné

Comme le Roy avoit paru sur le bord de la rivière, et que le bruit de la présence de Sa Majesté s'estoit répandu parmi les troupes commandées, elles sortirent pour l'exécution de cette entreprise avec un ordre et une intrépidité incroyable.

Les grenadiers de la maison du Roy soutenus par le chevalier de Fourbin à la teste des mousquetaires blancs, et par la Tournelle et Davejan, capitaines aux gardes, avec un de leurs bataillons, insultèrent la droite de l'ouvrage; pendant que les grenadiers du régiment de Picardie, soutenus par Jauvelle avec les mousquetaires noirs, et par le marquis de Bourlemont avec une partie du régiment de Picardie, attaquoient le costé gauche; et que le marquis de la Trousse lieutenant-général et le comte de St-Géran, mareschal de camp, avec le reste du régiment de Picardie et des troupes commandées le prenoient en front

Les assiégez vaincus. Després, le Comte de Solre et les autres officiers de la place, qui s'estoient assemblés dans le mesme ouvrage pour délibérer sur les moyens de le défendre, entendant tout à coup le bruit du canon, après un grand calme et le profond silence qu'on avoit gardé de part et d'autre pendant quelque tems, et voyant avancer

les troupes du Roy, se séparèrent pour
courir aux endroits où se faisoient les
attaques et y animer leurs gens à bien
faire. Mais leurs soldats foudroyés par
l'artillerie, exposés au feu des carabines du faux bourg, et à la tempeste continuelle des bombes, et pris en flanc sans
que les demy lunes des cotez les en pus-
sent garantir, s'imaginèrent d'estre tra-
his et que les assaillans, dont ils se
voyoient enveloppés de toute part, fon-
doient du ciel sur eux. L'épouvante s'estant mise parmi eux, ils abandonnèrent
tout, dehors, contrescarpe, palissades,
fossé, le corps de l'ouvrage qu'ils défendoient et les armes mesmes, et enfin le
courage les abandonnant entièrement, ils
se jettèrent à la foule et sans ordre du
costé de la demy lune revestue.

Hardies-
se. fortu-
ne et va-
leur des
assié-
geans

Les mousquetaires et les grenadiers
se melant parmi les fuyards, s'enfoncèrent avec eux dans les mesmes passages
qui servoient à leur retraite, tuant tout
ce qu'ils rencontroient en leur chemin.

Ceux des nostres qui percèrent jusques
dans la demy lune, par un pont de bois
qui estoit sur le fossé, remarquèrent que
pour favoriser la retraite des assiégez,

on avoit abaissé la bascule qui donnoit
entrée dans le Paté, mais comme le guichet estoit embarrassé de corps morts,
de blessés et de la foule de ceux qui vouloient se sauver, ne pouvant pas le faire
tous à la fois, les uns se jettoient dans le
bras du fleuve, qui servoit de fossé au
Paté, les autres se couchant par terre
contrefaisoient les morts pour se déro-
ber par cette feinte à la première fureur
des vainqueurs. Ce désordre des assiégez
animant les plus hardis des nostres, et
ne leur laissant plus faire des réflexions
sur les embuscades qu'on pouvoit leur
avoir dressées, et sur la résistance qu'ils
pouvoient trouver, ils poussèrent leur
victoire jusqu'au bout, et emportez par
ce point d'honneur si délicat parmi les
mousquetaires, dont aucun ne sauroit
céder à son compagnon la gloire de se
trouver le premier dans les occasions les
plus dangereuses, ils se jettèrent l'un
après l'autre dans le guichet.

Il n'auroit pas peut être été difficile à
quelques officiers et soldats ennemis, qui
estoient dans le Paté de réprimer l'ar-
deur des plus échauffés, mais soit qu'ils
ne distinguassent plus l'amy de l'enne-
my, soit qu'estant du nombre des fuyards,

la vigueur avec laquelle ils se voyoient
poursuivis leur eust entièrement fait
perdre le jugement et le cœur, ils mirent
les armes bas, et quelques uns mesme
que la peur de passer par le fil de l'épée,
avoit plus vivement frappés, demandèrent la vie à genoux.

Les vainqueurs s'avancèrent vers la
porte de la ville mais ils trouvèrent le
pont levis haussé. Ils prirent garde qu'à
la gauche de l'entrée du Paté il y avoit
un petit escalier de pierre pratiqué dans
le mur, qui servoit de crouste au Paté,
par lequel on pouvoit monter sur la terrasse qui le couvroit, et de là passer sur
les remparts de la ville, par le moyen de
certaines voustes qui tenoient à costé de
la petite Maison des Escluses, et sur la
droite du pont-levis.

Les as-
saillants
se trou-
ventdans
la ville.
Ce qu'ils
y firent.
Les grenadiers enfoncèrent donc une
petite porte, qui fermoit cet escalier, ils
montèrent sur la terrasse, où ils ne trouvèrent que deux ou trois soldats, et pas-
sant de la terrasse sur les voustes, qui y
étoient attachées, ils pénétrèrent jusques
à une autre petite porte qui les mit sur
le rempart. De là, ils s'avancèrent vers le
pont-levis, et en ayant chassé quelques

soldats qui le gardoient, ils l'abaissèrent
pour donner libre passage à leurs com-
pagnons, et ils s'avancèrent tous ensem-
ble dans la première rue, jusqu'à la vue
d'un pont de pierre sur l'Escaut, qui tra-
verse la ville en cet endroit.

Les mousquetaires et les grenadiers,
qui s'estoient avancés dans la ville sous
Vinchiguerre, et ensuite sous Moissac et
La Barre, officiers des premiers, et sous
Molinneuf, lieutenant des autres, se-
condés du marquis de Beaumont, volontaire, n'estoient pas plus de trente hom-
mes en tout, comme ils entendirent le
peuple qui couroit aux armes, et qu'ils
virent partie de la cavalerie qui com-
mençoit à se ranger sur le pont de pierre,
ils prirent d'abord le parti de se mettre
à couvert dans les portes des maisons.

Leur nombre s'augmenta ensuite par
l'arrivée de quelques autres sous Maupertuis, mais comme l'embarras de la
bascule du Paté, par où il faloit passer
nécessairement, ne permettoit pas qu'il
leur vint beaucoup de monde à la fois, ils
se retranchèrent le mieux qu'ils peurent
dans la mesme rue, et y firent ferme
quelque tems.

Quelques cavaliers et dragons des ennemis, et quelques soldats mesmes s'a-
vancèrent de tems en tems en deça du
pont, pour les repousser, mais les plus
hardis y estant demeurez, leur cavalerie
abandonna le pont pour s'aller mettre en
bataille dans la grande place.

La milice qui avoit pris les armes au
bruit surprenant de l'entrée des assiégeans dans la ville, fit mine de vouloir
disputer le passage du pont et de tendre
les chaisnes dans les rues. Mais le chevalier de Fourbin, Jauvelle, Riotot, avec
le reste de leurs compagnies, et tous ceux
qui les avoient voulu suivre, ayant entièrement défait ou pris prisonnier tout ce
qu'ils avoient rencontré dans les dehors,
avoient fait dégager la bascule et s'es-
toientjettés dans la ville comme un tor-
rent.

La ville prise d'as saut. Les principaux bourgeois au premier
bruit de l'entrée des François dans la
ville, accoururent au son du tocsin à la
Maison commune, et firent sortir dans
la place, des députez qui dirent aux
troupes qui y estoient déjà en bataille,
qu'ils demandoient à capituler. A quoy

les officiers et Moissac entr'autres, répliquèrent qu'il n'estoit plus tems et qu'on n'avoit pas accoutumé de capituler avec ses maistres.

Ostages envoyez à sa Majesté. Alors un des députez pria qu'au moins on les laissast aller implorer la clémence du Roy. ce qu'on leur permit, et M. le duc de Luxembourg s'estant rencontré à la porte de la ville, accompagné de M. Dumetz, lieutenant général de l'artillerie, il les remit entre les mains du marquis d'Angeau pour les conduire à Sa Majesté. Il commanda ensuite aux mousquetaires de demeurer en bataille dans la grande Place, et leurs officiers firent mettre les armes bas et pied à terre à ce qui s'y trouva de la cavalerie de la garnison.

Il ordonna aux grenadiers de se saisir de la place du Marché, où il y avoit un petit corps de garde des ennemis, et il disposa le reste des troupes et l'artillerie ainsi qu'il jugea plus à propos pour achever de s'assurer de tous les quartiers de la ville.

Le Roy croit à peine le Cette grande action fut faite avec tant de rapidité, et fut accompagnée de tant de valeur et de bonne fortune, que le *rapport que luy fait le chevalier de Vendome. Il s'avance au devant des ostages.*

Roy qui n'avoit ordonné que la prise de la contrescarpe, avoit peine à se fier au témoignage de ses propres oreilles, lorsqu'il entendoit les cris de « Vive le Roy » et le bruit de nos grenades et mousquetades retentir du milieu de la ville.

Mais le chevalier de Vendome qui avoit été des premiers à entrer dans la place, estant arrivé en toute diligence auprès de Sa Majesté, la tira de cette incertitude, et Elle ne fut pas plutost éclairée de la vérité, qu'Elle passa du costé de l'attaque et trouva en chemin le baron de Langiamet, et ensuite plusieurs autres personnes de qualité, qui lui confirmèrent que nous estions maistres de la ville.

Sa majesté envoie le Marquis de Louvois dans la ville. Les ordres qu'il y donna.

A cette dernière nouvelle, le Roy fit avancer le marquis de Louvois pour empescher le pillage et les autres désolations des conquestes faites par assaut, et à cet effet, donner les ordres qu'il jugeroit nécessaires selon la disposition où il trouveroit les choses. A peine Sa Majesté eut passé le pont qu'on avoit jeté sur l'Escaut, pour la communication des quartiers, qu'il rencontra le marquis d'Angeau, qui conduisoit le Prévost du Comte de Haynaut et les plus qualifiez

des habitans, qu'on avoit donnés pour
ostages. Ils implorèrent la clémence du
Roy et luy demandèrent la confirmation
de leurs privilèges.

Clémence   Il sembloit que par le droit de la guer-
du Roy.   re, la ville devoit estre abandonnée au
pillage, et le Roy le fit connoistre aux
ostages, mais ce monarque, à qui la dou-
ceur et la bonté ne sont pas moins natu-
relles que la valeur, compatissant au
malheur d'un si grand peuple, et faisant
céder sa puissance et sa victoire à sa gé-
nérosité, ne permit pas qu'il fut fait le
moindre déplaisir aux habitans, et leur
fit tout espérer de sa miséricorde.

Le marquis de Louvois estant arrivé
dans la ville, dit aux mousquetaires de
monter sur les chevaux de la garnison,
puisqu'ils leur appartenoient, et commanda aux vaincus de se retirer dans une
église jusqu'à nouvel ordre. Ensuite quelques escadrons des gardes du corps et
quelques bataillons des gardes françoi-
ses, relevèrent les mousquetaires et les
grenadiers, et Valenciennes par un seul
assaut, aussi soudain qu'il est inouï, fut
entièrement soumise à la France.

La ville s'oblige de payer 400 mil escus.

Les habitans s'obligèrent de payer la somme de 400 mil escu , en reconnoissance de la grace que le Roy leur avoit faite de leur conserver le- biens, l'honneur des femmes et la vie, et de préserver leur ville du feu et du pillage.

La garnison et les officiers sont faits prisonniers de guerre.

Il demeura 800 soldats de la garnison sur la Place en cette occasion, et le reste fut fait prisonnier de guerre. Les principaux officiers furent du nombre de ces derniers, sçavoir : le marquis de Richebourg, gouverneur de la Place, qui avoit esté blessé au commencement du siège, Desprès qui luy avoit este substitué, et qui se trouva blessé aussi, le comte de Solre, le marquis de Leuven, Taxis, Montigni, etc.

Perte des François pendant ce siège.

Du coté des François, le marquis de Bourlemont, brigadier d'infanterie, mestre de camp du régiment de Picardie fut tué, c'estoit un jeune officier de grand mérite et encore de plus grande espérance, à peine étoit-il guéri des blessures qu'il avoit reçues en d'autres occasions dans lesquelles il s'estoit toujours distingué.

On perdit aussi trois capitaines d'infanterie, un de cavalerie, sept subalternes, onze mousquetaires et environ cent

cinquante soldats, à compter dès le commencement du siège. Le duc de Luxembourg et le comte de St Géran furent lé-
gèrement blessés à cette attaque de quelques éclats de grenade, les autres blessés
furent Champigny, Ferrant et plusieurs
officiers du régiment des gardes, Caillè-
res, capitaine dans Navarre, le marquis
de Charmel, volontaire, environ vingt-
cinq mousquetaires et plus de cent trente soldats.

*Le Roy
visite les
fortifica-
tions.
Il distri-
bue les
emplois*

Le Roy visita les fortifications et des-
tina à la construction d'une citadelle les
400.000 escus, à quoi la ville avoit esté
imposée. Et comme l'importance de cette
place demandoit qu'on n'en confiat le
gouvernement qu'à une personne d'une fi-
délité éprouvée, d'un grand courage, et
d'une prudence consommée, Sa Majesté
choisit le comte Bardi-Magalotti, floren-
tin de naissance, et françois par plus de
30 années de service, pendant lesquelles
ayant passé par les emplois de capitaine,
de lieutenant-colonnel du régiment des
gardes-françoises, de mestre de camp
d'un régiment d'infanterie italienne, il
est parvenu à celuy de lieutenant-général.

La Lieutenance du Roy fut donnée à

M. de Foucaut, lieutenant-colonnel du
régiment de Bourgogne, et la Majorité à
M. de Chazerat, capitaine dans Navarre.
Le baron de Quinci en récompense des
services qu'il avoit rendus, et qu'il con-
tinuoit de rendre devant Cambray, fut
fait Prévost du Comte, c'est-à-dire chef
des habitans.

Sa Majes-
té loüe
et récom-
pense ses
officiers
et soldats

Le Roy loua publiquement les officiers
et les volontaires, qui s'estoient signalés
en cette occasion. Récompensa Jauvelle,
capitaine lieutenant des mousquetaires
noirs, de la commission et appointemens
de mareschal de camp ; le marquis de
Vains, sous lieutenant-capitaine de la mesme compagnie, de la commission et appointemens de brigadier de cavalerie ;
Maupertuis, capitaine-sous-lieutenant
des mousquetaires blancs, eut la mesme
chose.

La Hoguette, de Barrière, de Rigoville
de Moissac, cornettes de ces deux compagnies, eurent les commissions et solde
de colonnels de cavalerie ; les mareschaux de logis eurent des brevets et appointemens de capitaines de chevaux-
légers; et ainsi, tous les officiers et mousquetaires furent récompensez ou en ar-

gent, ou en brevets de grace ou de noblesse.

M. de Vauban eut une gratification de 25 mil escus.

Sa Majesté ordonna à M. le Duc de Lude, grand maistre de l'artillerie, de faire partager entre ses officiers et soldats, les trois mil pistoles du droit sur les cloches, fit distribuer de l'argent aux troupes et particulièrement aux soldats qui avoient fait des prisonniers, donna le régiment de Picardie au marquis d'Harcourt Beuvron, et celuy d'Harcourt-Beuvron au marquis de Humières, fils du mareschal.

Réjouissances à Paris.

La nouvelle de cette prise fut portée le matin du 18 à la Reyne, qui estoit à Paris depuis le 4, avec Monsieur le Dauphin, pour faire les stations du grand Jubilé, et elle répandit la joye dans cette grande ville. Le Te Deum fut chanté dans l'église Nostre-Dame. La Reyne y assista avec Monsieur le Dauphin, et ils y furent accompagnés de tous les princes et princesses du sang, de toute la noblesse, de l'archevesque, clergé, parlement, magistrats, ambassadeurs et ministres étrangers. Le soir on fit des feux de joye par toutes les rues.

M. Varesi nonce apostolique, le milord
Montaigu, ambassadeur d'Angleterre,
Constarini ambassadeur de Venise, le
comte Ferreri ambassadeur de Savoye,
l'abbé Gondi résident de Toscane, le
comte Baglioni résident de Mantoue, et
tous les autres ministres des potentats et
princes amis de la France, furent se ré-
jouir avec la Reyne et Monsieur le Dauphin de cette importante conqueste du
Roy.

Après que le Roy eut donné tous les
ordres nécessaires à ses grands dessins
et mis dans Valenciennes une forte garnison, tirée la pluspart des régimens
suisses, il décampa le 21 mars, et le
mesme jour il donna à Monsieur, son
frère unique, le commandement d'une
armée pour l'Artois

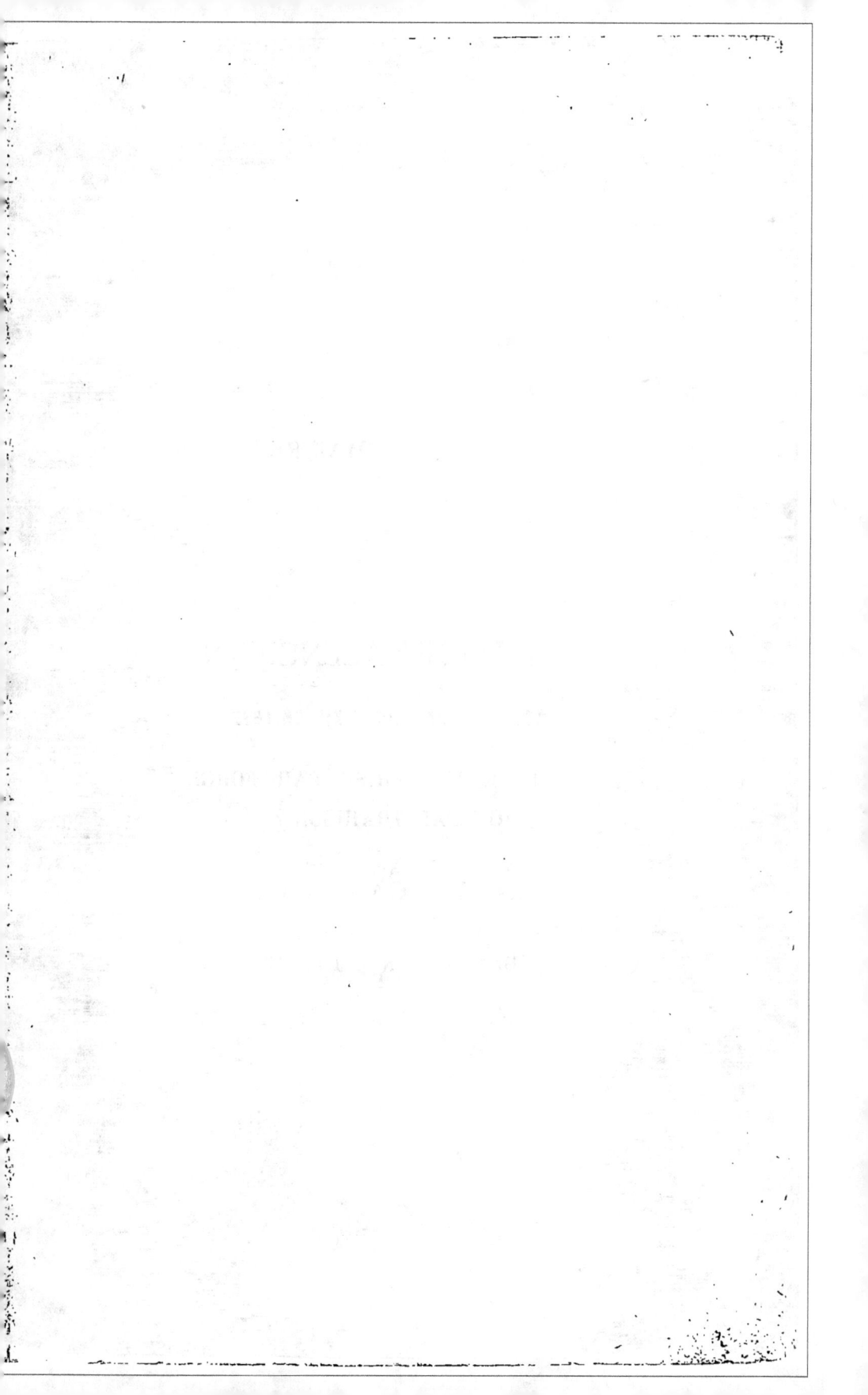

Librairie LEMAITRE

LA VILLE DE VALENCIENNES

ASSIÉGÉE PAR LOUIS XIV EN 1677

A-T-ELLE ÉTÉ PRISE PAR FORCE
OU PAR TRAHISON ?

PAR H. CAFFIAUX

BROCHURE IN-8, 1 FR. 50